AF270684

Azulillo oriental

Julie Murray

Abdo Kids Junior es una subdivisión de Abdo Kids
abdobooks.com

abdobooks.com

Published by Abdo Kids, a division of ABDO, P.O. Box 398166, Minneapolis, Minnesota 55439.
Copyright © 2023 by Abdo Consulting Group, Inc. International copyrights reserved in all countries.
No part of this book may be reproduced in any form without written permission from the publisher.
Abdo Kids Junior™ is a trademark and logo of Abdo Kids.

Printed in the United States of America, North Mankato, Minnesota.

052022

092022

Spanish Translator: Maria Puchol

Photo Credits: iStock, Minden Pictures, Shutterstock

Production Contributors: Teddy Borth, Jennie Forsberg, Grace Hansen

Design Contributors: Candice Keimig, Pakou Moua

Library of Congress Control Number: 2021951633
Publisher's Cataloging-in-Publication Data

Names: Murray, Julie, author.

Title: Azulillo oriental/ by Julie Murray.

Other title: Eastern Bluebirds. Spanish

Description: Minneapolis, Minnesota: Abdo Kids, 2023. | Series: Aves estatales

Identifiers: ISBN 9781098263300 (lib.bdg.) | ISBN 9781098263867 (ebook)

Subjects: LCSH: State birds--Juvenile literature. | Bluebirds--Juvenile literature. | Birds--Behavior--
    United States--Juvenile literature. | Spanish language materials--Juvenile literature.

Classification: DDC 598.297--dc23

Contenido

El azulillo oriental

Muchos azulillos orientales habitan en la zona este de Estados Unidos.

Se les ve en parques, jardines
y también en campos abiertos.

El macho tiene plumas de color
azul intenso. La hembra es de
colores más claros.

hembra
macho
9

Tiene el pecho de color

cobrizo. La panza es

de color blanco.

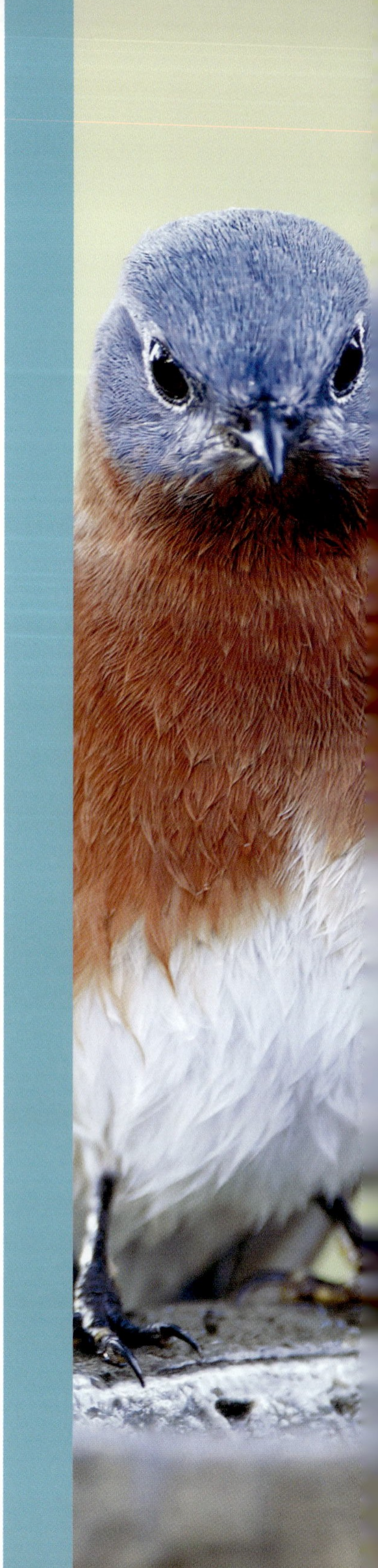

Les gusta estar en grupo.

Se posa en las ramas. Desde ahí buscan su comida.

15

Come frutos silvestres.

También come insectos.

17

Hacen sus nidos en los árboles.
Los construyen con tallos y
mala hierba.

18

Ponen entre 2 y 7 huevos. Los **pollitos salen del huevo** a los 15 días.

21

Ave estatal

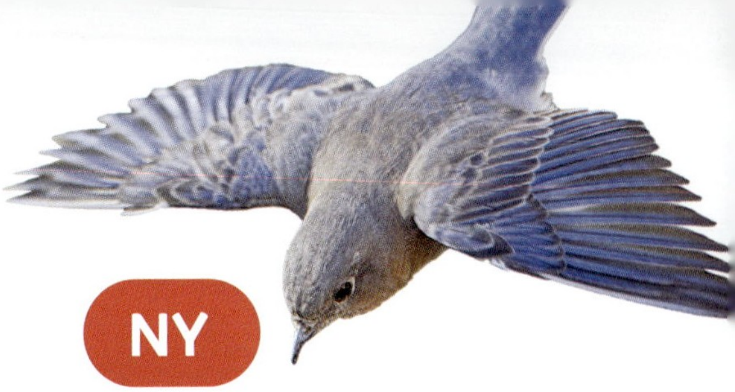

MO

Missouri

NY

New York

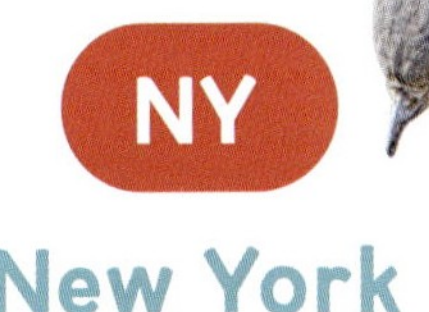

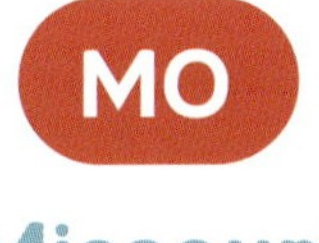

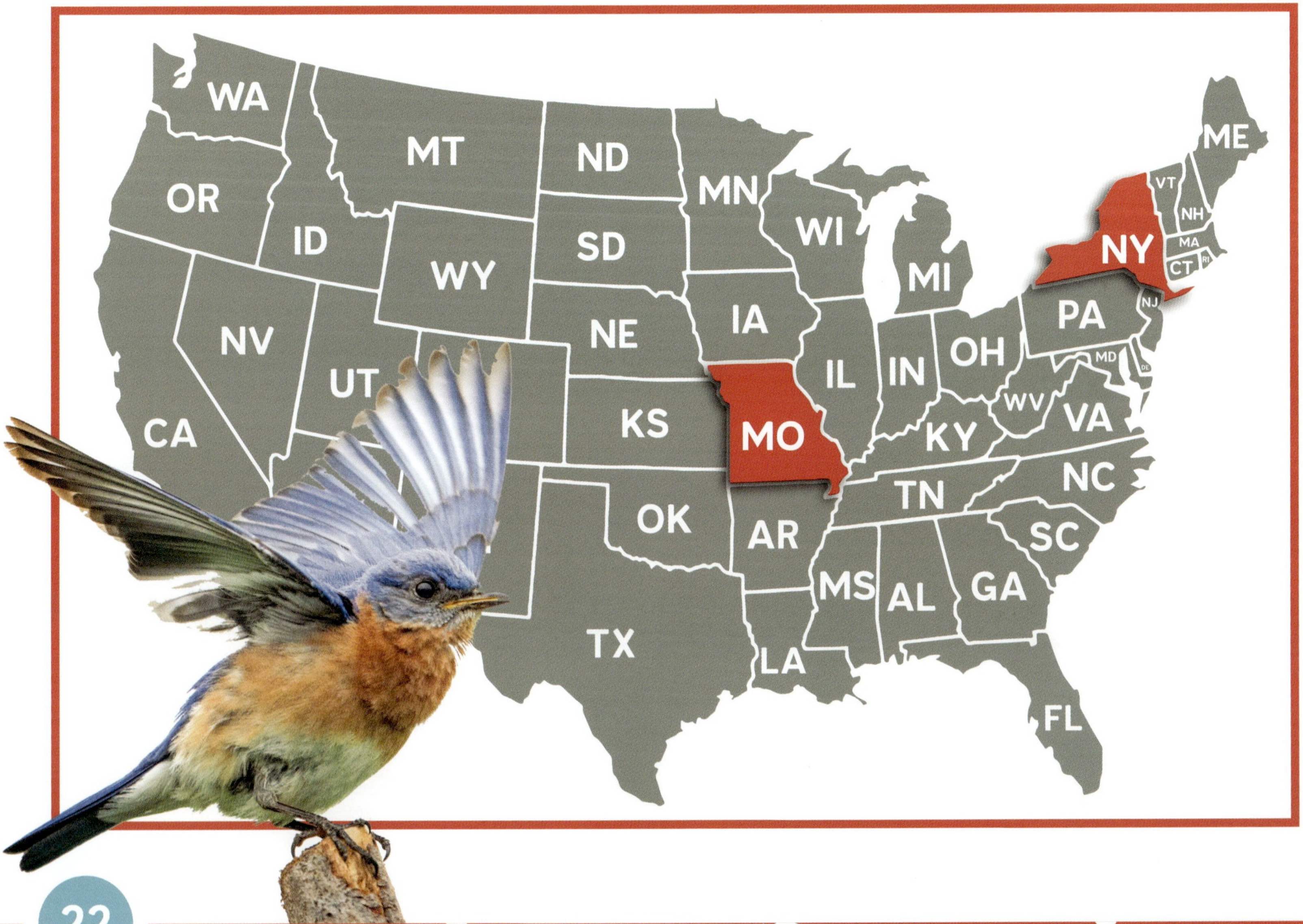

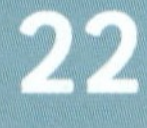

Glosario

cobrizo

de color café anaranjado o rojizo.

pollito

ave pequeña o que acaba de nacer de un huevo.

posarse

descansar en una rama, así lo hacen las aves.

salir del huevo

eclosionar, nacer de un huevo.

Índice

Abdo Kids ONLINE
FREE! ONLINE MULTIMEDIA RESOURCES

¡Visita nuestra página **abdokids.com** y usa este código para tener acceso a juegos, manualidades, videos y mucho más!

Los recursos de internet están en inglés.